JN432891

축복받은 성경 읽기

다니엘서 문제집

본　　당 | ……………………

이　　름 | ……………………

세 례 명 | ……………………

시　　작 | ……………………

마　　침 | ……………………

성서와함께

축복받은 성경 읽기 문제집 안내

이 문제집의 목적은 성경 공부보다 성경 읽기를 돕는 데 있습니다. 매주 1회, 5-8명이 모여 1-2시간 동안, 아래 순서에 따라 모임을 진행합니다. 말씀의 봉사자나 지도자가 없어도 누구나 진행자가 될 수 있습니다. 혼자 읽기에는 어려웠던 성경을 함께 읽으면서 '말씀은 멀리 있지 않고 아주 가까이 있음'(신명 30,14)을 깨닫게 되기 바랍니다.

시작기도

성령께 도움을 청하며 '성경을 읽기 전에 드리는 기도'(5쪽)를 드립니다.

읽어 봅시다

각 과의 안내문을 함께 읽고, 제시된 성경 본문을 한 구절씩 돌아가며 소리 내어 읽습니다(필요하다면 성경 본문을 두 번 읽어도 좋습니다).

살펴봅시다

각자 문제의 답을 성경에서 찾아 적고, 한 사람씩 각 문제를 읽고 답을 말합니다.

곰곰이 생각하고 나누어 봅시다

제시된 나눔 주제를 함께 읽고 자신의 생각을 간단하게 적은 후 돌아가며 나눕니다.

기억하고 싶은 성경 구절을 적어 봅시다

각자 마음에 와닿은 성경 구절을 적고, 돌아가며 읽습니다.

기도합시다

제시된 기도 지향에 따라 돌아가면서 짧게 기도합니다.

성경을 읽기 전에 드리는 기도

성경 안에서
저희를 친절히 만나 주시는 아버지,
넘치는 성령의 빛으로
제 눈을 열어 주시어 당신의 빛을 보게 하시고,
제 귀를 열어 주시어 당신의 말씀을 듣게 하시며,
제 마음을 열어 주시어
당신의 생명을 받아 안게 해 주소서.
그리하여 말씀의 신비가
얼마나 넓고 높고 깊은지 깨달아 알고,
인간의 모든 지식을 초월한
그리스도의 사랑에 대한 뜨거운 감동으로,
저의 모든 일상생활 가운데
새로운 기쁨과 당신의 능력이 빛나게 해 주시며,
저의 모든 형제들과 함께
당신의 영광을 찬미하게 해 주소서.
우리 주 예수 그리스도를 통하여 비나이다.
아멘.

차례

다니엘서를 읽기 시작하며

히브리어로 '다니엘'은 '하느님은 나의 심판자' 또는 '하느님은 심판하신다'라는 뜻입니다. 다니엘서의 주인공은 현인이자 의인으로 천사의 도움을 통해서 세상의 운명에 대한 하느님의 계시를 받습니다. 교훈적 이야기와 묵시문학이 독특하게 결부된 이 책은 역사적 묵시문학에 속합니다. 묵시문학은 시대의 위기 상황에서 생겨난 문학 양식으로, 이스라엘의 묵시문학은 바빌론 유배 이후에 싹터서 이스라엘의 정체성이 크게 위협받던 기원전 2세기부터 기원후 1세기 사이에 성행했습니다.

다니엘서가 배경으로 삼는 시대는 바빌론 임금 네부카드네자르 때부터 페르시아 임금 키루스 때까지 기원전 6세기이지만, 실제 역사적 배경은 기원전 2세기입니다. 당시 시리아의 안티오코스 4세는 유다인의 문화와 관습과 종교를 말살하고, 그리스 문화와 관습을 따르지 않는 유다 백성을 박해했습니다.

다니엘서는 박해로 고통받는 유다인들을 격려하기 위하여 쓰였습니다. 지상의 권력이나 강대국은 언젠가는 무너지고 권력자도 잊히겠지만, 하느님의 통치는 영원히 계속될 것이며 역사의 주인이신 주님에 대한 믿음과 희망을 잃지 말라고 호소합니다.

다니엘서는 암담한 박해의 시대에 역사를 어떻게 바라보며 하느님 백성으로서 어떻게 살아갈지를 보여 줍니다. 이러한 메시지는 그

시대의 유다인들만이 아니라 오늘을 살아가는 하느님 백성에게도 영감을 줍니다.

다니엘서는 세 부분으로 나뉩니다.

1-6장	바빌론으로 끌려간 다니엘과 그의 세 동료
7-12장	다니엘 개인이 본 묵시적 환시
13-14장	다니엘의 다른 공적

제1과

바빌론으로 끌려간 다니엘과 바빌론 임금의 첫 번째 꿈

다니엘과 세 동료는 바빌론에 포로로 끌려간 이스라엘 자손들과 함께 바빌론 왕실에서 임금을 섬기는 교육을 받습니다. 그들은 하느님의 돌보심으로 지혜와 능력을 인정받아 바빌론 임금 네부카드네자르의 관리가 됩니다. 어느 날 네부카드네자르는 꿈을 꾸고 자신이 꾼 꿈과 그 뜻을 밝혀 보라고 합니다. 하지만 바빌론의 현인들은 이를 알아내지 못하고, 임금은 이들을 모두 죽이라고 합니다. 그들과 함께 처형의 위기에 처한 다니엘은 동료들과 하느님께 자비를 청하는 기도를 드려서 임금의 꿈과 그 뜻을 밝힙니다. 이로 인해 다니엘은 네부카드네자르의 신임을 얻고 바빌론 지방 전체를 다스리는 통치자이자 바빌론의 모든 현인을 거느리는 총감독관이 됩니다.

읽어 봅시다 1,1-2,49

살펴봅시다

1. 네부카드네자르 임금이 바빌론에 끌려온 이스라엘 자손들 가운데서 자신을 섬길 젊은이들을 뽑는 내용이 아닌 것을 찾으십시오 (1,3-21).

① 그들은 흠도 없이 잘생기고 온갖 지혜와 지식을 쌓아 이해력을 지녀야 한다(1,4).

② 임금은 그들이 날마다 자유롭게 음식을 먹게 했다(1,5).

③ 그들 가운데에는 유다의 자손으로는 다니엘, 하난야, 미사엘, 아자르야가 있었다(1,6).

④ 유다 젊은이들은 내시장에게 간청하여 궁중 음식을 먹지 않고 채소와 물만 먹고 마셨다(1,8-12).

⑤ 채소와 물만 먹은 유다인 젊은이들이 궁중 음식을 먹은 젊은이들보다 보기 좋았다(1,15).

2. 빈칸을 채워 말씀을 완성하십시오.

- **네부카드네자르 임금을 섬기게 된 젊은이**(1,19)
  임금이 그들과 이야기를 하여 보니, 그 모든 젊은이 가운데에서 ( ), ( ), ( ), ( )만 한 사람이 없었다. 그리하여 그들이 임금을 모시게 되었다.

- **자신의 꿈을 해석할 수 있느냐는 임금의 질문에 대한 다니엘의 대답**(2,27-28)
  임금님께서 물으신 신비는 어떠한 현인도 주술사도 요술사도 점술사도 임금님께 밝혀 드릴 수 없는 것입니다. 그러나 하늘에는 신비를 드러내시는 ( )께서 계십니다. 그분께서 뒷날 무슨 일이 일어날지 네부카드네자르 임금님께 알려 주셨습니다.

3. 네부카드네자르 임금의 꿈에 나타난 큰 상의 각 부분과 그 부분을 이루고 있는 것이 무엇인지 연결하십시오(2,31-33).

① 머리	• 쇠와 진흙
② 가슴과 팔	• 순금
③ 배와 넓적다리	• 은
④ 아랫다리	• 청동
⑤ 발	• 쇠

4. 다니엘은 네부카드네자르 임금의 꿈에 나타난 큰 상의 각 부분을 차례로 일어날 국가라고 풀이합니다. 빈칸을 채워 마지막에 세워질 나라에 대한 말씀을 완성하십시오(2,34-35 참조).

- **2,44**

  이 임금들의 시대에 ( ), 그 나라는 ( ) 그 왕권이 다른 민족에게 넘어가지도 않을 것입니다. 그 나라는 앞의 모든 나라를 부수어 멸망시키고 영원히 서 있을 것입니다.

곰곰이 생각하고 나누어 봅시다

바빌론 현인들과 처형될 운명에 놓인 다니엘은 세 동료와 함께 하느님께 자비를 청하며 기도하였고 삶의 길을 열어 갑니다(2,20-23). 혼자가 아니라 여럿이 함께 기도하며 주님께 의지한 적이 있었는지 나누어 봅시다.

기억하고 싶은 성경 구절을 적어 봅시다

기도합시다

지혜와 힘의 원천이신 하느님께서 나의 일상에 필요한 지혜와 힘을 주시기를 기도합시다.

제2과
바빌론 금상 경배와 불가마에서 살아 나온 다니엘의 세 동료

하느님을 섬기는 다니엘의 세 동료 사드락, 메삭, 아벳 느고는 네부카드네자르 임금이 만든 금상에 경배하기를 거부하다가 불가마 속에 던져집니다. 그때 주님의 천사가 그들 곁으로 내려와서 불길을 내몰며 지켜 줍니다. 그러자 세 젊은이는 가마에서 한목소리로 하느님을 찬양합니다. 이 기적을 본 바빌론 임금은 주님을 찬미하며 그들에게 높은 벼슬을 내립니다.

읽어 봅시다 3,1-97

살펴봅시다

1. 다니엘의 세 동료가 불가마에 던져지는 내용이 아닌 것을 찾으십시오(3,1-23).

① 네부카드네자르 임금이 세운 상의 봉헌식에서, 전령은 네부카드네자르 임금이 세운 상에 절하지 않으면 곧바로 타오르는 불가마 속으로 던져질 것이라 했다(3,3-6).

② 칼데아인들은 유다인 사드락, 메삭, 아벳 느고가 임금에게 경의를 표하지도 않고 임금의 신을 섬기지도 않으며 임금이 세운 상에 절하지도 않는다고 악의로 고발했다(3,12).

③ 임금은 자신이 만든 금상에 절할 준비가 되어 있지 않으면 불가마 속으로 던져질 것이라 하면서 어떤 신도 구할 수 없다고 한다(3,15).

④ 다니엘의 세 동료는 자신들이 섬기는 하느님께서 구해 주시지 않더라도 임금이 세운 금상에 절하지 않겠다고 한다(3,17-18).

⑤ 불가마가 매우 뜨거웠으므로 사드락, 메삭, 아벳 느고는 불꽃에 타 죽고 말았다(3,22).

2. 다니엘의 세 동료가 묶인 채로 타오르는 불가마 속으로 떨어진 후 일어난 일을 빈칸을 채워 완성하십시오.

- **3,24**

  그들은 하느님을 찬송하고 주님을 찬미하며 (   ).

- **3,49**

  그때에 (   )가 가마 속 아자르야와 그의 동료들 곁으로 내려와서, (   ), 가마 복판을 이슬 머금은 바람이 부는 것처럼 만들었다. 그렇게 하여 그들은 (   ) 아프거나 괴롭지도 않았다.

3. 불가마 속에서 부른 아자르야의 노래(3,26-45)와 세 젊은이의 노래(3,52-90)의 일부입니다. 빈칸에 알맞은 말을 찾으십시오.

만만한 영혼, 부서진 영혼, 교만한 정신,
겸손해진 정신, 희생 제물, 뇌물, 실망하여라,
감사하여라, 자비는 영원하시다

- 3,39-40

그렇지만 저희의 ( )과 ( )을 보시어 저희를 숫양과 황소의 번제물로, 수만 마리의 살진 양으로 받아 주소서. 이것이 오늘 저희가 당신께 바치는 ( )이 되어 당신을 온전히 따를 수 있게 하소서.

- 3,89-90

주님께 ( ). 그분께서는 선하시고 그 ( ). 주님을 경배하는 이들아, 모두 신들의 신을 찬미하여라. 그분을 찬송하고 그분께 ( ). 그분의 ( ).

4. 불가마에서 살아 나온 세 젊은이에게 네부카드네자르가 한 말을 모두 찾으십시오(3,95-97).

① 사드락, 메삭, 아벳 느고의 하느님께서는 찬미받으소서.
② 하느님께서는 당신의 전사를 보내시어 당신의 종들을 구해 내셨다.
③ 나는 하느님께 찬미를 드리는 이에게 상을 내릴 것이다.
④ 이처럼 구원을 베푸실 수 있는 신은 다시 없다.

곰곰이 생각하고 나누어 봅시다

바빌론 임금은 자신을 높이고 금상을 만들어서 우상으로 세웁니다. 나 자신을 높였던 때가 있었는지 살펴보고, 주님만을 섬기며 살기 위해 어떤 노력을 할 수 있을지 나누어 봅시다.

기억하고 싶은 성경 구절을 적어 봅시다

기도합시다

하느님을 거부하는 이들이 하느님을 알아뵐 수 있기를 기도합시다.

제3과

바빌론 임금의 두 번째 꿈과 하느님의 뜻

다니엘은 네부카드네자르 임금의 또 다른 꿈을 해석해 줍니다. 임금이 쫓겨났다가 얼마 후에 왕권을 회복하리라는 내용이었습니다. 이 꿈은 그대로 이루어집니다. 네부카드네자르 임금의 뒤를 이은 벨사차르 임금은 왕궁에서 큰 잔치를 벌이고, 예루살렘에서 약탈해 온 성전 기물들로 술을 마시며 우상들을 찬양합니다. 그런데 갑자기 사람 손가락이 나타나 왕궁 벽에 글을 쓰자 임금은 다니엘을 불러 그 글의 뜻을 밝히라고 합니다. 다니엘은 그 글자는 임금의 죽음과 바빌론의 멸망을 뜻한다고 하였고 바로 그날 밤에 벨사차르 임금이 죽습니다.

읽어 봅시다 3,98-5,30

살펴봅시다

1. 네부카드네자르의 꿈(4,7-14)과 다니엘의 꿈풀이(4,16-24)를 맞게 연결하십시오.

① 내가 본 꿈은 이러하니 그 뜻을 말해 보아라(4,6)

② 세상 한가운데 자리 잡은 높이가 엄청난 나무(4,7)

③ 그러나 뿌리등걸은 땅에 남겨 두어라(4,12)

④ 하늘에서 내리는 이슬에 젖은 채 땅의 잡초들 사이에서 짐승들과 운명을 함께하게 하여라(4,12)

- 꿈의 뜻은 이러합니다. 그것은 저의 주군이신 임금님께 내리신 가장 높으신 분의 결정입니다(4,21)
- 그 나무는 바로 임금님이십니다. 임금님께서는 크고 튼튼하게 자라셨습니다(4,19)
- 임금님께서는 사람들에게서 쫓겨나 들짐승들과 함께 사시겠습니다. 그래서 소처럼 풀을 드시고 하늘에서 내리는 이슬에 젖으실 것입니다(4,22)
- 그 나무의 뿌리등걸을 남겨 두라고 한 것은, 하늘이 세상을 다스림을 임금님께서 깨달으신 다음에야, 임금님이 나라가 임금님께 되돌려진다는 것을 뜻합니다(4,23)

⑤ 가장 높으신 분께서 인간들의 나라를 지배하심을 살아 있는 자들이 알게 하려는 것이다(4,14)	• 임금님께서는 비로소 가장 높으신 분께서 인간들의 나라를 다스리시고, 그분께서 원하시는 이에게 그 나라를 주신다는 것을 깨닫게 되시겠습니다(4,22)

2. 네부카드네자르 임금의 두 번째 꿈이 다니엘의 풀이대로 이루어진 후 임금이 무엇이라고 고백하는지 빈칸을 채워 완성하십시오.

- **4,34**

  이제 나 네부카드네자르는 하늘의 임금님을 (   ) 숭상하며 찬송한다. 그분께서 하시는 일은 모두 (   ) 그 길은 다 (   ) 그분께서는 교만 속에 걷는 자들을 낮추실 수 있는 분이시다.

3. 벨사차르 임금이 벌인 잔치에서 있었던 일이 아닌 것을 찾으십시오(5,1-12).

① 벨사차르는 자기 아버지 네부카드네자르가 예루살렘 성전에서 가져온 금은 기물을 내오라고 하여 그것으로 술을 마셨다(5,2-3).

② 벨사차르는 술을 마시면서 금과 은, 청동과 쇠, 나무와 돌로 된 신들을 찬양하였다(5,4).

③ 갑자기 사람이 나타나더니 촛대 앞 왕궁 석고 벽에 글을 쓰기 시작하였다(5,6).

④ 바빌론의 현인들은 그 글자를 읽지도 못하고 임금에게 그 뜻을 설명하지도 못하였다(5,8).

⑤ 왕후가 나타나 다니엘이 글자의 뜻을 밝혀 줄 것이라고 하였다(5,10-12).

4. 벨사차르 임금의 잔치 중에 갑자기 나타난 사람 손가락이 왕궁 석고 벽에 쓴 글자 '므네 므네 트켈', '파르신'의 뜻은 무엇인지 빈칸을 채우십시오.

- **므네**(5,26)

  하느님께서 임금님 나라의 날수를 헤아리시어 이 나라를 (　　　　　　　　　　)는 뜻입니다.

- **트켈**(5,27)

  임금님을 저울에 달아 보니 (　　　　　　　　　　) 는 뜻입니다.

- **파르신**(5,28)

  '프레스'('파르신'의 단수)는 임금님의 나라가 (　　　　　　　　　　), 메디아인들과 페르시아인들에게 주어졌다는 뜻입니다.

곰곰이 생각하고 나누어 봅시다

네부카드네자르는 바빌론을 두고 "내가 영광과 영화를 떨치려고 나의 강력한 권세를 행사하여 왕도로 세운 것이다"(4,27)라고 합니다. 그 후 일곱 해 동안 짐승처럼 지내다가 정신을 차려 왕권을 회복합니다. 자신은 높이면서 다른 이는 낮추어 본 적이 있었는지 되돌아보고, 교만한 마음을 어떻게 하면 누그러뜨릴 수 있을지 나누어 봅시다.

기억하고 싶은 성경 구절을 적어 봅시다

기도합시다

우리가 가진 모든 것(생명, 재산, 영적 선물 등)은 주님께서 주신 것임을 기억하며 주님 앞에서 겸손하게 살아갈 수 있기를 기도합시다.

제4과

사자 굴에서 살아 나온 다니엘과 그가 본 환시들

메디아 임금 다리우스는 빼어난 능력을 지닌 재상 다니엘을 온 나라 위에 세우려고 합니다. 이를 시기한 재상들과 총독들은 다니엘을 모함해서 사자 굴에 던집니다. 하느님께서는 천사를 보내시어 그를 사자들에게서 지켜 주시고, 이를 본 임금은 하느님을 찬미합니다. 다니엘은 '네 마리 짐승의 환시'와 '숫양과 숫염소의 환시'를 보게 되고 가브리엘 천사가 설명해 줍니다. 이 환시들은 종말의 때를 가리키는데 세상의 임금과 왕국들은 파멸하고 궁극적으로 하느님과 사람의 아들이 승리함을 암시합니다.

읽어 봅시다 6,1-8,27

살펴봅시다

1. 다니엘이 사자 굴로 던져지는 과정에 대한 내용이 아닌 것을 찾으십시오(6,2-14).

① 다니엘은 빼어난 정신을 지녀 다른 재상들이나 총독들보다 뛰어났다(6,4).

② 다리우스 임금이 다니엘을 온 나라 위에 세우려고 하자, 다른 재상들과 총독들은 다니엘에게서 나라와 관련된 죄과를 찾아내려고 애썼다(6,4-5).

③ 다니엘은 충실한 사람이어서 아무런 태만이나 과실이 없었다(6,5).

④ 재상들과 총독들은 임금에게 몰려가 "서른 날 동안 임금님에게 기도를 올리는 자는 사자 굴에 던져야 한다"라고 말했다(6,7-8).

⑤ 그들은 임금에게 "다니엘이 임금님께서 서명하신 금령에도 경의를 표하지 않은 채, 하루에 세 번씩 기도를 올리고 있습니다"라고 전했다(6,14).

2. 빈칸을 채워 다리우스 임금과 다니엘의 대화와 임금의 칙령을 완성하십시오.

- 6,21
  살아 계신 (   ) 다니엘아, 네가 성실히 섬기는 너의 하느님께서 너를 사자들에게서 구해 내실 수 있었느냐?

- 6,23
  저의 하느님께서 (   )를 보내시어 사자들의 입을 막으셨으므로, 사자들이 저를 해치지 못하였습니다.

- 6,27
  나는 칙령을 내린다. 내 나라의 통치가 미치는 모든 곳에서는 누구나 다니엘의 하느님 앞에서 떨며 (   ).

- 6,28
  그분은 구해 내시고 (   ) 분 하늘과 땅에서 (   )을 일으키시는 분 다니엘을 사자들의 손에서 구해 내셨다.

3. 다니엘의 환시(7,1-14; 8,1-14)와 이에 대한 천사의 풀이(7,15-28; 8,15-27)를 맞게 연결하십시오.

① 서로 모양이 다른 거대한 짐승 네 마리가 바다에서 올라왔다(7,3)

② 사람의 아들 같은 이가 하늘의 구름을 타고 나타나 연로하신 분께 가자 그분 앞으로 인도되었다. 그에게 통치권과 영광과 나라가 주어져 모든 민족들과 나라들, 언어가 다른 모든 사람들이 그를 섬기게 되었다(7,13-14)

③ 뿔이 두 개 달린 숫양 한 마리가 강 옆에 서 있었다. 그 두 뿔이 다 길었는데 하나가 다른 것보다 더 길었다(8,3)

• 뿔이 두 개 달린 숫양을 네가 보았는데, 그것들은 메디아와 페르시아의 임금들이다(8,20)

• 그 거대한 네 마리 짐승은 이 세상에 일어날 네 임금이다(7,17)

• 지극히 높으신 분의 거룩한 백성이 그 나라를 이어받아 영원히, 영원무궁히 차지할 것이다(7,18)

곰곰이 생각하고 나누어 봅시다

다니엘의 세 동료가 하느님을 신뢰하여 불가마에서 살아 나온 것처럼(3,94-95) 모함을 받아 사자 굴에 던져졌던 다니엘도 "하느님을 믿었기 때문"(6,24)에 아무런 상처도 입지 않고 살아 나옵니다. 지나온 삶의 여정에서 '불가마'나 '사자 굴'과 같은 상황에 처한 적이 있었는지 되돌아보고, 나를 살게 하신 주님께 드리는 감사를 나누어 봅시다.

기억하고 싶은 성경 구절을 적어 봅시다

기도합시다

어떠한 처지에서도 하느님을 신뢰하고 성실히 섬길 수 있기를 기도합시다.

제5과
동포들을 위하여 기도하는 다니엘과 환시들

다니엘은 예루살렘이 폐허가 된 채 채워야 하는 햇수에 대한 예레미야의 예언을 생각하다가 동포들을 위하여 주님께 기도합니다. 가브리엘 천사는 그에게 예언의 뜻을 설명하는데, 일흔 주간(년)이 지나면 예루살렘이 재건되고 복구될 것이라고 합니다. 다니엘은 큰 전쟁에 관한 환시도 봅니다. 이에 천사는 페르시아와 그리스 시대 역사, 시리아의 사악한 임금의 통치와 마지막 때를 드러낸다고 알려 줍니다. 마지막 때까지는 3년 반이 지나야 하고 끝까지 견디어 내는 이들은 행복하다고 합니다.

읽어 봅시다 9,1-12,13

살펴봅시다

1. 빈칸을 채워 다니엘이 성경을 펴놓고 곰곰이 했던 생각을 완성하십시오.

- 9,2

  ( ) 예언자에게 내린 주님의 말씀대로, 예루살렘이 폐허가 된 채 채워야 하는 햇수를 곰곰이 생각하고 있었다. 그것은 ( )였다.

2. 다니엘이 동포들을 위해 바친 기도 내용이 아닌 것을 찾으십시오(9,4-19).

① 저희는 죄를 짓고 불의를 저질렀으며 악을 행하고 당신께 거역하였습니다. 당신의 계명과 법규에서 벗어났습니다(9,5).
② 하느님의 종 모세의 율법에 쓰인 저주와 맹세가 저희에게 쏟아졌습니다. 저희가 주님께 죄를 지었기 때문입니다(9,11).
③ 저희는 저희의 죄악에서 돌이키지도 않고 당신의 진실하심을 깨닫지도 못하였습니다. 그러면서 주 저희 하느님께 호의를 간청하지 않았습니다(9,13).
④ 정녕 주 저희 하느님께서는 하시는 일마다 의로우십니다. 그래서 저희는 주님의 말씀을 잘 들었습니다(9,14).

⑤ 저희가 당신 앞에 간청을 올리는 것은 저희의 어떤 의로운 업적이 아니라, 당신의 크신 자비 때문입니다(9,18).

3. 빈칸을 채워 가브리엘 천사가 다니엘에게 설명한 예언의 뜻을 완성하십시오.

말씀,	총애,	미움,	용서,	속죄,
정의,	질서,	예언,	기름,	소금

- **9,23**

  네가 간청하기 시작할 때에 이미 (   )이 내렸는데, 그것을 일러 주려고 내가 왔다. 네가 (   )를 받는 사람이기 때문이다

- **9,24**

  너의 백성과 너의 거룩한 도성에 정해진 일흔 주간이 지나야 악행이 그치고 죄가 끝나며 (   )가 이루어지리라. 또한 영원한 (   )가 펼쳐지고 환시와 (   )이 확증되며 가장 거룩한 곳에 (   )이 부어지리라.

4. 천사가 다니엘에게 일러 준 진리의 책에 적힌 내용을 맞게 연결하십시오(11,1-12,13).

① 페르시아에는 앞으로 세 임금이 일어날 것이며 넷째가 나와 큰 재물을 모아 강력해지면(11,2)

② 시리아의 사악한 임금의 병력이 자리를 잡고서는, 성소와 성채를 더럽히고 일일 번제를 폐지하며, 황폐를 부르는 혐오스러운 것을 세울 것이다(11,31)

③ 나라가 생긴 이래 일찍이 없었던 재앙의 때가 오리라(12,1)

④ 일일 번제가 폐지되고 황폐를 부르는 혐오스러운 것이 세워질 때부터, 천이백구십 일이 흐를 것이다(12,11)

- 시리아의 사악한 임금은 계약을 깨뜨리는 자들을 달콤한 말로 배교하게 만들 것이다(11,32)
- 그리스 왕국을 치려고 온 나라를 일으켜 세울 것이다(11,2)
- 행복하여라, 천삼백삼십오 일이 될 때까지 견디어 내는 이들! 그러니 너는 끝까지 가거라(12,12-13)
- 그때에 네 백성은, 책에 쓰인 이들은 모두 구원을 받으리라(12,1)

곰곰이 생각하고 나누어 봅시다

"행복하여라, 천삼백삼십오 일이 될 때까지 견디어 내는 이들! 그러니 너는 끝까지 가거라. 너는 잠들어 쉬겠지만 끝 날에 일어나 네 몫을 받을 것이다"(12,12-13). 이 말씀을 묵상하며 마지막 때를 기다리는 신앙인으로서 나의 마음가짐을 나누어 봅시다.

기억하고 싶은 성경 구절을 적어 봅시다

기도합시다

고통 중에 있는 이들이 신앙이나 자기 자신을 잃어버리는 일이 없도록 기도합시다.

제6과
수산나 이야기와 벨 신상과 큰 뱀 이야기

13-14장은 그리스어 성경에만 나오는 이야기입니다. 13장은 수산나 이야기를 통해 유배지인 바빌론에서도 율법을 지키며 충실히 사는 의인의 구원을 보여 줍니다. 수산나는 바빌론에 유배 온 유다인들 중에서 존경받는 이의 부인으로 매우 아름다웠고 주님을 경외하던 여인이었습니다. 유다인들의 존경을 받던 두 원로가 음욕을 품고 수산나를 위협하지만 그 뜻을 이루지 못합니다. 수산나는 이들의 고발로 처형당할 위기에 처하지만, 다니엘의 도움으로 살아나고 두 원로는 파멸합니다. 14장에서 다니엘은 키루스 임금에게 벨이라는 신을 섬기는 사제들의 사기 행각을 폭로하여 우상숭배의 어리석음을 밝힙니다. 다른 이야기에서 다니엘은 바빌론인들이 신으로 숭배하는 큰 뱀을 죽여 그것이 우상에 불과함을 밝힙니다. 그러나 이에 화가 난 사람들에 의해 사자 굴에 던져지지만 하느님의 도우심으로 살아 나옵니다.

읽어 봅시다 13,1-14,42

살펴봅시다

1. 수산나에 관한 내용이 아닌 것을 고르십시오(13,1-4).

① 수산나는 딸이어서 모세의 율법을 배우지 않았다(13,3).
② 수산나의 남편 요야킴은 아주 부유한 사람이었다(13,4).
③ 수산나는 아름답고 주님을 경외하는 여인이었다(13,2).
④ 수산나의 부모는 의로운 이들이었다(13,3).

2. 빈칸을 채워 곤경에 빠진 수산나가 한 말과 행동을 완성하십시오.

- **두 원로에게 협박당했을 때**(13,23)
  (   ), 차라리 그렇게 하지 않고 당신들의 손아귀에 걸려드는 편이 더 낫소.

- **아무도 자신의 결백을 믿어 주지 않았을 때**(13,35)
  수산나는 눈물이 가득한 채 하늘을 (   ).
  마음으로 주님을 (   ) 있었기 때문이다.

- **사형을 선고받았을 때**(13,42)
  아, 영원하신 하느님! 당신께서는 (   ) 을 아시고 무슨 일이든 일어나기 전에 미리 다 아십니다.

3. 수산나의 결백이 밝혀지는 과정이 아닌 것을 찾으십시오(13,44-64).

① 하느님께서 다니엘이라는 젊은 사람 안에 있는 거룩한 영을 깨우시자, 그는 "나는 이 여인의 죽음에 책임이 없습니다"라고 외친다(13,45-46).
② 다니엘의 외침을 들은 이스라엘 백성은 그에게 원로 지위를 주어 재판을 하게 한다(13,46-50).
③ 다니엘은 두 원로를 따로 심문하여 그들의 거짓 증언을 밝혀낸다(13,51-61).
④ 수산나의 결백이 밝혀지자 온 회중은 당신께 희망을 두는 이들을 구원하시는 하느님을 찬미하였다(13,60).
⑤ 수산나를 모함했던 두 원로는 모세의 율법에 따라 감옥행에 처한다(13,62).

4. 벨이라는 우상을 숭배하는 임금이 다니엘에게 벨을 경배하지 않는 이유를 묻자 그가 한 대답을 완성하십시오.

- **14,5**
  저는 ( )이 아니라, 하늘과 땅을 창조하시고 모든 생물을 지배하시는 ( )을 숭배합니다.

곰곰이 생각하고 나누어 봅시다

하느님께서는 다니엘 안에 있는 거룩한 영을 깨우시어 죄 없는 수산나를 재판도 하지 않고 죽이려 했던 이스라엘 자손들의 마음을 돌이키십니다. 모두가 "예"라고 할 때 "아니오"라고 한 다니엘은 하느님께만 희망을 두었던 수산나의 결백을 밝혔습니다. 옳지 않은 다수의 의견에 반대하며 의로운 주장을 펼친 적이 있었는지 되돌아보며, 나의 체험이나 목격한 일화를 나누어 봅시다.

기억하고 싶은 성경 구절을 적어 봅시다

기도합시다

다니엘서를 읽으며 받은 하느님의 은총에 감사드리며, 주님 앞에서 의롭게 살아갈 수 있기를 기도합시다.

* 이 문제집과 성경 공부에 대한 자세한 문의는
가톨릭성서모임(www.biblemove.com)으로 해 주시기 바랍니다.

가톨릭성서모임

서울의정부 협의체

흑석동 (02) 824-4363·5　　정릉 (02) 2171-1671~3

수지 (031) 546-8819

대구 협의체 문의

교구 소속 성서모임

대전 (042) 223-4627　　부산 (051) 519-0485

울산 (052) 261-6011　　원주 (033) 765-4226

인천 (032) 765-6967　　전주 (063) 230-1059

제주 (064) 729-9503　　청주 (043) 210-1734

청년성서모임

서울 (02) 764-6452　　부산 (051) 519-0483

수원 (031) 8019-5402　　전주 (063) 285-0041

청주 (043) 220-1707　　춘천 (033) 252-6063

미국

남가주 1-714-403-0010 / 1-714-514-9651(청년)

농무 1-201-937-6622　　북가주: 남가주 문의

축복받은 성경 읽기

다니엘서 문제집

서울대교구 인가: 2024년 11월 7일

초판 1쇄 펴낸날: 2025년 4월 8일

엮은이: 가톨릭성서모임

펴낸이: 나현오

펴낸곳: 성서와함께

06910 서울시 동작구 흑석로13길 7

Tel: (02) 822-0125~7 / Fax: (02) 822-0128

http://www.withbible.com / e-mail: order@withbible.com

등록번호 14-44(1987년 11월 25일)

ISBN 978-89-7635-450-1 94230

978-89-7635-919-3(세트)